# PROJET DE LIVRE VOLANT SUR LES AILES DU BUT

*Graines De Sagesse Pour
La Maximisation Des Fins*

## David Kingsley Nimo

AuthorHouse™
1663 Liberty Drive
Bloomington, IN 47403
www.authorhouse.com
Phone: 833-262-8899

Because of the dynamic nature of the Internet, any web addresses or links contained in this book may have changed
since publication and may no longer be valid. The views expressed in this work are solely those of the author and do not
necessarily reflect the views of the publisher, and the publisher hereby disclaims any responsibility for them.

Any people depicted in stock imagery provided by Getty Images are models,
and such images are being used for illustrative purposes only.
Certain stock imagery © Getty Images.

This book is printed on acid-free paper.

ISBN: 978-1-6655-4519-8 (sc)
      978-1-6655-4520-4 (e)

Print information available on the last page.

Published by AuthorHouse  11/17/2021

authorHOUSE®

# CONTENTS

# PRÉFACE

Après avoir lu attentivement les Saintes Écritures, nous considérons que l'homme a oublié ses origines et a tourné son regard vers le visuel, vivant selon le modèle et le rythme de sa environnement et imaginer que le style et les principes de Dieu se manifestent dans ce que nous recherchons, ressentons, voyons et expérimentons.

En ces heures sombres des Derniers Jours, la preuve eschatologique de cela est parfaitement évidente dans des épreuves réussies qui se précipitent vers la ligne d'arrivée à une vitesse inimaginable. Le Saint-Esprit a rendu visite à son serviteur David Kingsley et l'a utilisé comme instrument pour concilier la vision divine pour chacun de ses enfants. Il est écrit « Votre Dieu commande que tu sois puissant.» Psaume 68 : 28. Commentant les versets 22 à 28 de ce texte, Matthieu Henry dit, «Les victoires avec lesquelles Dieu a béni David sur les ennemis d'Israël sont des représentations de la victoire du Christ, pour lui-même et pour tous les croyants. Ceux qui le faire leur puisse le voir comme leur Dieu, comme leur Roi, pour leur bien, et comme une réponse à leurs prières, spécialement dans et par sa Parole et ses décrets.

Tous les dirigeants et savants de ce monde se soumettront au royaume du Messie. Les gens semblent se tourner vers le roi, verset # 28. Mais les paroles sont pour le Sauveur, son église, et tout vrai croyant. Nous te prions, ô Dieu le Fils, de compléter ton entreprise pour nous en accomplissant votre bon travail en nous.

Certes, nous sommes créés à l'image et à la ressemblance de Dieu et possédons des capacités uniques dans notre constitution car chacun de nous représente une espèce commune mais unique. Nous avons été des champions dès la naissance parce que par sa grâce et dans sa prévoyance, nous sont devenus vainqueurs dans une course de 400 millions de spermatozoïdes. Par conséquent, après avoir été sélectionné comme champions depuis le début, nous devons courir, marcher, agir, parler et vivre en champions.

Dieu nous a fondés en Christ avant notre naissance (Eph 1:4), donc dans notre existence, il y a une feuille de route pour les réalisations de chaque jour ou le triomphe de Ses objectifs. «Car nous sommes à lui. L'artisanat, ayant été créé en Jésus-Christ pour les bonnes œuvres, que Dieu a préparé à l'avance pour que nous le fassions.» (Ep 2:10). Au fur et à mesure que nous lisons ces articles fortement inspirés lignes, que Dieu nous aide à ramener chacun de nous au but pour lequel il nous a créés.


CHOUBEU André, Ph.D.

# INTRODUCTION

Le succès d'un homme est fonction de l'accomplissement de son objectif.

Il y a quelques mois, un samedi soir venteux, il m'a appelé et m'a dit qu'il avait cette lourde mission qui lui est confiée. Le Seigneur lui avait rendu visite lors d'une rencontre après la mort du Dr. Myles Munroe et lui a révélé que ce « grand professeur de but » était engagé dans la rédaction d'une série de livres qu'il n'avait jamais achevés. Le poids ou le fardeau qu'il a ressenti après sa rencontre avec le Seigneur lui a donné la conviction que c'était une tâche divine d'écrire ce livre. Quand le temps était venu d'entreprendre ce projet divin, il était immédiatement dirigé par l'esprit.

Votre but est de découvrir ce que vous signifiez pour la création. Il vous permet de rester concentré en dirigeant votre énergie et les ressources aux quotas appropriés où vous pouvez en tirer le meilleur parti.

Si votre objectif n'est pas atteint, vous essayerez de gagner le bonheur d'autres facettes, telles que le mariage, famille, biens, travail, etc. Il y a des vides qu'un seul but peut remplir, sans quoi nous essaierons de forcer d'autres attributs non atteints à combler le vide - c'est comme si nous essayions de mettre une épingle rectangulaire dans un trou rond. Jamais réfléchi à cette question; qu'est-ce que c'est ma place exacte dans le monde ? « Pourquoi suis-je ici ?"

La société a un objectif grossièrement mal défini, et tant de jeunes errent dans la définition erronée du but, qui découle d'une combinaison de valeurs héritées de notre éducation et notre influence environnementale ou sociale. Ce livre vous révélera le but comme votre projet de plan, dans lequel vous comprenez votre contribution unique au monde en général à travers le prisme de la volonté divine.

Une fois que votre but est découvert, cela ne devrait pas s'arrêter là puisque la vie orientée vers le but crée un impact générationnel. Le Dr Myles Munroe en est un parfait exemple. Bien qu'il ait traduit en Gloire, son effet à travers les livres est toujours vivant et durera pour toujours. En fin de compte, cette collection de Le but des citations est de nous aider à nous épanouir dans toutes les facettes du voyage de la vie avec un sens du devoir, la conscience, le but, la direction et l'appel. Vous avez besoin des mots justes qui vous donnent les expressions les plus complètes de la vie que vous êtes appelés à vivre et à défendre. Les citations véhiculent une compréhension globale, c'est-à-dire un aperçu complet de l'objectif et de la finalité de l'engagement qui les sont.

Par la présente, vous êtes le produit de l'inventivité du Saint-Esprit, de la perspicacité, de l'éclat, L'expressivité, motivation, originalité, etc., affinés par plusieurs heures de raffinement et développement.

Il n'y a certainement pas de pénurie de livres dans tout l'univers à lire, mais il convient de noter que certains livres ont une connaissance et une sagesse extraordinairement pertinentes qui traitent de l'exacte moment ou à l'époque où sa pertinence peut le mieux s'exprimer. Prophète David Kingsley Nimo estime que ce livre est une continuation du livre Legacies on Purpose du Dr Myles Munroe, qui s'adresse spécifiquement à la jeunesse de cette époque.

L'originalité et l'authenticité de ce livre sont irréprochables, et c'est un produit direct d'un lieu de la rencontre divine délivrée par l'un des leaders prophétiques de cette génération actuelle, institué par Dieu. Bien que ce livre puisse être lu en quelques jours, je vous invite à prendre le temps de réfléchir sur la sagesse des citations cibles et lui donner une raison d'être une métamorphose référence pour la vie. Avec un contenu unique téléchargé surnaturellement du ciel, c'est un panneau indicateur pour la jeunesse de cette génération et la suivante.

Tebit Makeba Danyella Louange,

Nation PTSMI.

# LES CITATIONS DE BUT

Citations 1 : Profitez de ce moment et étendez-vous dans la foi car Dieu vous a mis à part pour une histoire à succès incalculable. Au nom de Jésus, *tu es la prochaine belle surprise dans votre génération ! Oui, vous l'êtes !*

Citation 2 : Après tout, personne n'est destiné par Dieu à l'échec, mais nos choix, nos attitudes et nos mentalités sont les facteurs sous-jacents de nos résultats dans la vie.

Citation 3 : Les gens échouent principalement parce qu'ils veulent échouer, mais vous n'êtes pas obligé de descendre ce chemin. Le succès est une somme de souveraineté divine et de responsabilité humaine. Agir maintenant !

Citation 4 : Le pouvoir de l'atmosphère L'atmosphère dans laquelle nous vivons détermine notre inspiration et cela enflamme la créativité dans nous. La créativité est le terreau de la productivité et la productivité est la roue de l'impact mondial.

Citation 5 : Déchancez l'impulsion de votre passion dominante. Dieu a câblé l'humanité avec une élasticité infinie de potentiel pour actualiser et façonner le cours du futur.

**Note de bas de page** : *vous ne pouvez pas arrêter d'évoluer, vous êtes plus que moyen !*

Citation 6 : Votre situation actuelle pourrait simplement être un cadeau stratégique de transformation de Dieu pour promouvoir l'accomplissement de votre objectif et expérimenter les actes et les expressions de grâce divine.

**Note de bas de page** : *Souvenez-vous toujours de sa souveraineté et donnez la priorité à sa sagesse.*

*Citation 7 :* La suprématie du Dessein divin : Notre valeur essentielle en tant qu'êtres humains reflète notre origine et le but de la création. Donc, la mesure de notre pleine stature et de notre dignité se révèle dans la crédibilité de notre créateur. Le système de valeurs du créateur, pas dans la compréhension limitée des points de vue humains.

**Note de bas de page** : *Lorsque nous découvrons notre objectif, notre valeur s'élève inévitablement à une toute nouvelle dimension.*

Citation 8 : L'école du dessein divin : La classe de but de Dieu est un moment spécial et stratégique dans nos vies dans lequel nous sommes inconsciemment conduit à des enseignements de maturité par la nécessité de la douleur qui vient de la joie des mauvaises décisions et la déception de l'ignorance.

———

**Note de bas de page** : *Allumez vos lumières intérieures et manifestez votre domination sur votre objectif.*

———

Citation 9 : Les roues cachées du but : Quand les inspirations divines se heurtent à la détermination humaine sur la trajectoire de la lumière, l'accélération de la signification devient le champion du jour.

———

**Note de bas de page** : *Régler vos roues intérieures d'inspiration et de détermination roulent !*

———

**Citation 10** : Votre pertinence réside dans votre objectif : L'homme qui est inconscient de son but vivra inévitablement comme l'ombre de son divin réalité.

———

**Note de bas de page** : *Votre accès à la révélation divine est la clé qui ouvre votre proéminence.*

———

**Citation 11** *:* Les ennemis du but : Le neutralisant le plus dangereux d'une vie déterminée n'est pas visible.

**Note de bas de page** : *Priez pour la grâce pour la discipline et le défi positif à l'autel de la prière.*

Citation 12 : Votre objectif vous annoncera à votre génération : Ceux qui vivent selon leur but répondent positivement à l'urgence de la présence dans leur génération et défendent la cause pour laquelle il vaut la peine de mourir comme leur héritage.

**Note de bas de page** : *Le prix d'une vie ratée est trop élevé pour être vécu.*

Citation 13 : Si l'objectif est amélioré : Notre objectif donné par Dieu peut être assimilé métaphoriquement à un trésor caché dans la poussière de l'oubli. Cependant, lorsque la lumière de la révélation est allumée, un héros, un pionnier, émerger.

**Note de bas de page** : *L'institutionnalisation est la philosophie transformatrice de Dieu pour l'excellence.*

Citation 14 *:* Connaitre votre objectif est la direction de votre progression : Le vrai sens et la satisfaction de la vie ne peuvent être atteints que sur la toile d'un but accompli, qui peut également être classé comme une vie bien vécue.

**Note de bas de page** : *Une vie axée sur les objectifs est la mère de toutes les réalisations.*

Citation 15 : Le but se nourrit des ailes de la gratitude : Chaque croissance exponentielle de notre voyage vers le dessein divin peut être retracée sur le confinement d'un état d'esprit de gratitude.

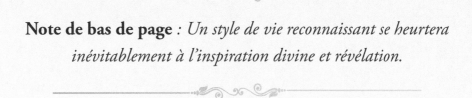

**Note de bas de page** *: Un style de vie reconnaissant se heurtera inévitablement à l'inspiration divine et révélation.*

Citation 16 : le comportement de l'orientation vers un but : Le contraste entre ceux qui échouent lamentablement et ceux qui laissent leur trace dans le sable du temps et de l'éternité tourne autour de leur sens de la responsabilité, de l'intentionnalité et de l'auto-discipline .

**Note de bas de page** ; *L'irresponsabilité facilite la responsabilité et la morbidité*

Citation 17 : Les intentions de Dieu sont intimement liées à son dessein : Notre dessein divin est le courant sous-jacent des principes, qui garantit la reconnaissance même dans des environnements difficiles.

**Note de bas de page** *; Vivre une vie centrée sur Christ s'appelle simplement un but.*

Citation 18 : Objectif et processus sont inextricablement liés. C'est notre réflexion et notre illumination qui déclenchent l'idée d'abandonner notre volonté complètement à affiner par les vicissitudes de la vie pour la bonne volonté de notre but.

**Note de bas de page** *; Le processus est le moteur de l'excellence divine ; le pouvoir de la dignité et du sens.*

Citation 19 : L'intégrité est le premier allié du but : Le pouvoir de l'intégrité est un bouclier invisible et un ange gardien à des fins divines - par son dynamisme, notre sang-froid et notre sécurité deviennent une base solide pour un l'envol de notre destin.

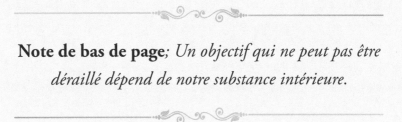

**Note de bas de page***; Un objectif qui ne peut pas être déraillé dépend de notre substance intérieure.*

Citation 20 : Votre environnement façonne votre objectif : Le dynamisme d'une atmosphère d'influence positive est la lueur d'espoir dans un but pris dans un environnement oppressé.

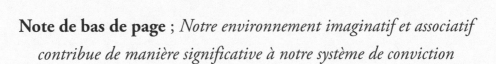

**Note de bas de page** ; *Notre environnement imaginatif et associatif contribue de manière significative à notre système de conviction*

# Les facilitateurs de but

Citation 21 : La foi est les yeux du but : Un objectif efficace se construit sur le terrain de l'adversité et des épreuves de la vie, où une confiance absolue en Dieu est ce qui instruit notre exécution des décisions pour le succès et l'accomplissement.

**Note de bas de page** ; *Chaque rencontre de lumière déclenche une foi axée sur les résultats.*

Citation 22 : La résilience est un compagnon fiable de notre objectif : Il est de la responsabilité honorable de Dieu de guider et de surveiller ses intentions, intérêts et trésors investis dans sa création. Ironiquement, nous devons cultiver de manière proactive habitudes authentiques qui exploiteront la force de notre résistance intérieure et contre la tromperies des plaisirs temporels qui font dérailler l'objectif de notre mission et de nos objectifs.

**Note de bas de page ; C'est notre devoir et droit civiques ainsi que le motif fondamental de notre dignité d'être la domination courtiers de Dieu.**

Citation 23 : La grâce divine est notre équilibre le plus efficace dans l'école du dessein : Pourquoi s'inquiéter quand Dieu vous a planifié et établi de toute éternité dans les paramètres de sa souveraineté pour l'accomplissement de votre destin.

**Note de bas de page** ; *Une préparation avec un sentiment d'urgence facilite nos pas dans la bonne direction pour gagner la course pour le but ultime qui nous attend.*

Citation 24 : Vous ne pouvez pas échouer lorsque vous êtes sur la voie de votre objectif : Si nous laissons nos émotions nous conduire, notre sensibilité nous privera d'opportunités à vie conçu pour récompenser le fruit de nos efforts.

Note de bas de page ; *Les sentiments négatifs sont tout simplement préjudiciables à tout destin coloré.*

Citation 25 : L'opportunité est sensible au temps lorsqu'il s'agit de maximiser votre objectif au le plus complet : Chaque défi que nous rencontrons dans l'arène de notre quête de l'excellence apporte des éléments cachés et possibilités infinies.

**Note de bas de page** ; *C'est votre exposition qui ouvre vos possibilités, et votre risque vous garantit une retour inhabituel.*

Citation 26 : Quand le but se heurte à l'affliction : Le Dieu tout-sage, dans ses omissions, a façonné nos vies et notre grandeur pour naître à l'intérieur l'enfermement de transition douloureuse qui nous conforme à sa nature d'empathie.

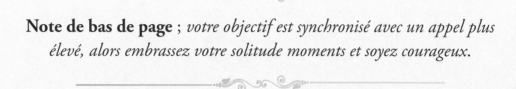

**Note de bas de page** ; *votre objectif est synchronisé avec un appel plus élevé, alors embrassez votre solitude moments et soyez courageux.*

Citation 27 : Construisez votre objectif sur l'imagination positive : Lorsque nous libérons la foi et imaginons un objectif plus élevé, nous forgeons inconsciemment une alliance avec les forces de l'éternité pour la prochaine attraction à venir de Dieu sur terre.

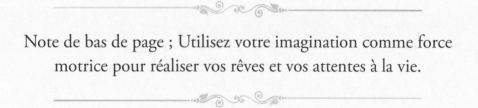

Note de bas de page ; Utilisez votre imagination comme force motrice pour réaliser vos rêves et vos attentes à la vie.

Citation 28 : La foi et la peur sont les facteurs sous-jacents de la réalisation de votre objectif : Pourquoi imaginez-vous le pire qui puisse se manifester lorsque Dieu vous a divinement câblé pour vous envoler comme les aigles de votre génération ? Vous êtes plus que votre meilleure réalisation !

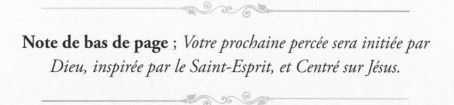

**Note de bas de page** ; *Votre prochaine percée sera initiée par Dieu, inspirée par le Saint-Esprit, et Centré sur Jésus.*

Citation 29 : La superpuissance du but est l'empathie : Une vie délibérément vécue incarnera inévitablement un héritage influent pour des générations qui ne sont pas encore nés.

**Note de bas de page** *; Lorsque le but est soigneusement poursuivi,
il augmente la dignité de notre personnalité.*

Citation 30 : La graine du but brisera le cycle de la limitation générationnelle : Cela exige une responsabilité personnelle avec une attitude courageuse pour renforcer une croyance provocante en planant au-dessus des murs invisibles de l'obstacle qui entourent la réalisation de sa vie but.

**Note de bas de page** *; Osez allumer votre envie innée de changement dans la bonne direction.*

Citation 31 : Laissez votre vie être guidée par un objectif précis : Un objectif cultivé dans un environnement axé sur la valeur est hautement formé pour attirer la richesse et l'honneur comme récompense d'appréciation.

**Note de bas de page** *; Votre don inhérent n'est qu'un outil pour accomplir
votre tâche ; aiguisez-vous en restant au rythme du temps.*

Citation 32 : Mon but est un trésor intemporel : L'honnêteté et la noblesse reflètent certainement ceux qui s'engagent efficacement dans l'arène de humanité.

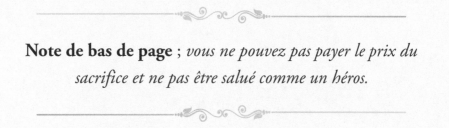

**Note de bas de page** ; *vous ne pouvez pas payer le prix du sacrifice et ne pas être salué comme un héros.*

Citation 33 : Chaque objectif doit réussir le test de discipline : Le but de l'homme ne peut jamais être déraillé si la piété est instillée dans son système de croyances en tant que valeur centrale.

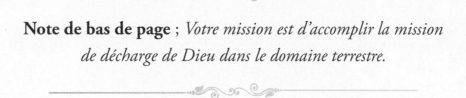

**Note de bas de page** ; *Votre mission est d'accomplir la mission de décharge de Dieu dans le domaine terrestre.*

Citation 34 : La stabilité émotionnelle est le point d'ancrage du but : Les âmes humaines prospèrent dans un royaume de sérénité et de joie absolue, où l'inspiration jette les bases pour que la passion s'épanouisse, valorisant les aspirations et les visions dans toute leur plénitude.

**Note de bas de page** ; *créer un concept imaginatif de possibilités infinies et les mettre en mouvement.*

Citation 35 : La fierté est un destructeur silencieux de notre objectif : Une vie fondée sur la substance de l'humilité et de la gratitude dépassera les attentes de l'homme prévisibilité quels que soient les obstacles qui prévalent.

**Note de bas de page** ; *Il n'y a pas de soumission sans d'ascension. (Rencontre de Jésus avec Jean-Baptiste).*

Citation 36 : Le bassin de connaissances est le gymnase du but : Là où la sagesse mène ou gouverne notre objectif, il n'y a pas d'obstacles ni de limites à notre partie à l'importance.

**Note de bas de page** ; *L'économie mondiale du but prospère sur la monnaie de la connaissance.*

Citation 37 : Mon but est une plateforme de servitude et non un privilège personnel : Il n'y a pas de coût trop élevé à payer lorsqu'un homme tombe amoureux de son objectif.

**Note de bas de page**; *Quand un homme tombe amoureux de son but, il n'y a pas de prix excessif pour qu'il ne puisse payer .*

Citation 38 : Une famille orientée vers un but est un roc solide d'humanité : Le véritable amour affirme notre confiance et enrichit notre sens de la valeur intrinsèque, surtout lorsque l l'audace de notre objectif est contestée par le doute et le rejet

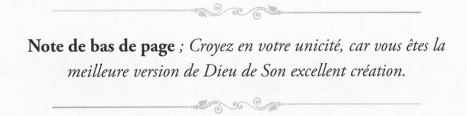

**Note de bas de page** ; *Croyez en votre unicité, car vous êtes la meilleure version de Dieu de Son excellent création.*

Citation 39 : Voyez votre objectif à travers l'objectif de votre créateur : Nos perceptions dans la vie sont extrêmement vitales ; ils peuvent être soit un émancipateur et amplificateur de notre confiance ou prisonnier de nos rêves.

**Note de bas de page** ; *osez marcher à la lumière de la révélation de votre potentiel.*

Citation 40 : Une discipline systématique est requise pour l'ascendant de notre objectif : Ceux qui osent aligner leur objectif avec le pouvoir de l'intégrité laisseront une trace indélébile dans leurs domaines d'activité ou d'affectation respectifs.

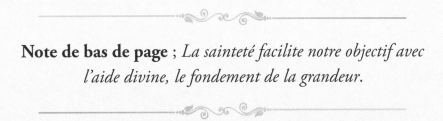

**Note de bas de page** ; *La sainteté facilite notre objectif avec l'aide divine, le fondement de la grandeur.*

Citation 41 : Lorsque la voix du but résonne à travers le temps et l'éternité, elle provoque un changement de génération : La différence entre ceux qui marquent le sable du temps et ceux qui demeure éternellement dans l'obscurité est liée à la fréquence de leurs auditions ou à leur la conscience.

**Note de bas de page** ; *Votre élévation dans la vie dépend de votre capacité à discerner les temps et les saisons et savoir quoi faire.*

Citation 42 : Votre objectif et votre responsabilité vont de manière cohérente dans la même direction : Si nous cultivons l'autodiscipline en disant oui pour retarder la satisfaction sur le chemin du but, alors notre volonté sera dictée par les choix de notre destin plutôt que par les désirs de plaisirs temporels.

**Note de bas de page** ; *Mon objectif est plus puissant que mon histoire.*

Citation 43 : Votre objectif est conçu et câblé pour ouvrir la voie : Ceux qui osent penser que la mission de leur vie est bien supérieure à leur potentiel actuel leur potentiel en allant de leurs vallées au sommet de la montagne et devenir la meilleure version d'eux-mêmes.

**Note de bas de page**; *Votre foi est le vent sous les ailes de vos décisions et actions.*

Citation 44 : L'obscurité est le lieu de naissance des grands desseins de Dieu : L'importance de la Divine Providence sur notre objectif est d'arranger les temps souverains et les saisons d'opportunités de la vie et de promouvoir l'accomplissement de notre prédestination dans la vie.

**Note de bas de page**; *La suprématie de votre but l'emportera toujours sur les obstacles.*

Citation 45 : Indépendamment des incertitudes des temps, votre objectif prospérera : Si nous devions compter sur la générosité et la prévenance du Dieu omniscient et omniscient, alors aucune quantité de doute de soi ou d'expérience horrible dans le passé ne devrait pouvoir faire dérailler notre objectif.

**Note de bas de page** ; *Votre objectif est un projet divin avec une histoire à succès indicible.*

Citation 46 : Investir du temps de qualité dans notre objectif n'est pas un exercice inutile, mais un dividende générationnel : Notre force physique, mentale et émotionnelle est un carburant inestimable pour la vie. En conséquence, nous manquons souvent de conscience et d'intentionnalité. Cependant, investir quotidiennement dans notre objectif le maximise au maximum.

**Note de bas de page** ; *Les intendants intelligents échangent chaque seconde de leur temps en faveur de leur objectif.*

Citation 47 : Un objectif authentique ne peut pas porter une lentille symbiotique (étroitesse d'esprit) : C'est un fait indéniable qu'être diligent dans l'accomplissement de nos obligations dans la vie dans l'espace mondial nous apportera inévitablement un grand honneur. Néanmoins, l'altruisme doit être la motivation de notre poursuite d'objectifs.

**Note de bas de page** ; *lorsque les motifs sont purs, les ressources surnaturelles coulent sans effort.*

Citation 48 : La valeur élevée tire le meilleur de notre objectif et le stabilise : Lorsqu'un leader compromet sa conscience en raison d'un manque de concentration dans un climat positif influences dans la bonne direction, un moment générationnel est perdu à jamais.

**Note de bas de page** ; *ceux qui posent les bonnes questions obtiendront toujours d'excellents résultats.*

Citation 49 : La compatibilité est le reflet d'une alliance délibérée : Ceux qui font leurs choix de vie du point de vue de la lumière supérieure pour une conscience s'alignent ironiquement pour un voyage réussi vers l'avenir.

**Note de bas de page** ; *Chaque rencontre avec un savoir révélateur déclenche un grand éveil pour une transformation.*

Citation 50 : Accomplir notre objectif nous transforme en une entité de liberté et une force de changement pour notre génération : La capacité de coordonner la conscience d'une mission au-delà de nous-mêmes avec un sens de la responsabilité personnelle est ce qui propulse l'actualisation de notre objectif en mouvement.

**Note de bas de page** ; *l'éternité compte sur nous pour faire une différence significative avec notre objectif sur terre.*

Citation 51 : Jusqu'à ce que vous découvriez un but, la force motrice de votre destin sera dysfonctionnel ou impuissant : Si et seulement si l'humanité ose croire que le succès de sa mission dans son l'espace est l'une des attentes sans fin de l'éternité, nos décisions quotidiennes et sera certainement être considéré avec beaucoup de soin.

**Note de bas de page** ; *Si le but est bien la vision de Dieu pour sa création, alors les porteurs de cette vision ont la tâche redoutable de développer la capacité spirituelle de leurs exploits.*

Citation 52 : Chaque dessein divin est conçu pour accomplir une tâche multi-générationnelle : L'ampleur du dessein de l'humanité est un reflet saisissant du mystère de son Dieu. nature innée. Il est donc irrationnel pour chacun d'entre nous de se mesurer par son statut social.

**Note de bas de page** ; *Éloignez-vous des limites de votre esprit et de vos pensées et explorez les merveilles de votre imagination phénoménale.*

Citation 53 : Le royaume de l'imagination positive est un habitat naturel pour un épanouissement but: Un état d'esprit sain améliore la réalisation d'une âme et d'un esprit holistiques, tous deux favorise un objectif efficace.

**Note de bas de page** ; *ce que vous entendez et voyez est vital car ils améliorent ou affaiblissent vos pensées.*

Citation 54 : N'attendez pas que la personne désobéissante ou indisciplinée gaspille votre but dans la vie : Si vous suivez votre objectif avec zèle, vous surpasserez inévitablement vos plus folles attentes, laissant un héritage générationnel impossible à effacer.

**Note de bas de page** ; *Pourquoi attendre quand vous pouvez déterminer votre destin avec un engagement personnel et détermination.*

Citation 55 : Chaque femme déterminée rajeunit sa beauté dans les fontaines de reconnaissance et de bonheur.

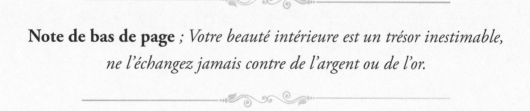

**Note de bas de page** ; *Votre beauté intérieure est un trésor inestimable, ne l'échangez jamais contre de l'argent ou de l'or.*

Citation 56 : Gardez votre but avec toute la diligence, car c'est votre seule raison pour vivre: Notre foi et notre patience sont les déclencheurs essentiels qui inspirent notre volonté quand nous osons gravir les échelons d'une dévotion plus élevée et plus profonde engagement.

**Note de bas de page** ; *le chemin des meneurs est un chemin difficile mais pas impossible.*

Citation 57 : Lorsque notre objectif est confronté aux changements de vie, de foi et de la persévérance de l'espoir est nécessaire pour maintenir la confiance dans une meilleure demain: Ceux qui écoutent l'appel de leur objectif ont une richesse inimaginable de ressources transformatrices pour des générations encore à émerger pour de plus grands exploits.

———————————

**Note de bas de page** *; C'est un très mauvais service à l'humanité et à l'éternité que de ne pas accomplir nos buts dans la vie.*

———————————

Citation 58 : Votre but est le courant qui fournit la lumière de l'espoir et d'inspiration à vos contemporains, les sans-voix et les opprimés: La raison de notre existence est souvent ancrée dans notre transition du temps à l'éternité, simplement parce que nous sommes tous appelés dans un but.

———————————

**Note de bas de page** *; osez croire que vous êtes ici pour une raison, une saison et une génération.*

———————————

Citation 59 : Votre personnalité est ancrée dans votre objectif, alors polissez-la avec une attitude de sincérité et d'intégrité : Tout comme le cerveau et l'esprit humains sont inséparablement liés par leur coexistence, nos décisions et notre volonté sont synonymes les uns des autres, ce sont les facteurs déterminants qui facilitent la découverte de notre but.

———————————

**Note de bas de page***; La synergie entre un esprit rêveur et un cœur volontaire est le secret de grands inventeurs.*

———————————

Citation 60 : Les deux forces les plus nocives que satan ait jamais utilisées contre les le but de l'humanité est la paresse et l'orgueil : Une génération avec un état d'esprit narcissique finira par minimiser l'essence de leur objectif ou l'échanger contre une gratification instantanée.

**Note de bas de page**; *Les règles de conduite ne changent pas du fait des avancées technologiques, des fondamentaux ne sont pas diminués, mais les structures sont adaptables.*

Citation 61 : Chaque dessein centré sur Dieu subira inévitablement un voyage de purification à travers le processus d'épreuves ardentes pour le caractère construction et mise à niveau vers l'excellence standard : Un but sain ne peut être nourri que sur la plate-forme de l'humilité, où la sainteté est très apprécié comme précurseur de réalisations.

**Note de bas de page**; *Il y a un géant en chacun de nous appelé Purpose - libérez-le pour faire vibrer votre espace global.*

Citation 62 : Il est impossible de surestimer la signification du dessein divin : Chaque dessein divin est associé à la grâce pour laisser une trace indélébile impression sur l'humanité. Cependant, le facteur sous-jacent de son succès l'exécution est prédite par la sagesse pratique.

**Note de bas de page**; *si la vie est une bataille, alors notre objectif est destiné à être la cible.*

Citation 63 : Votre objectif ne doit jamais être noyé par des eaux peu profondes car elle est fondée sur le roc solide de Dieu : La honte et l'échec ne font pas partie du but. Néanmoins, ceux qui perdent leur guide de discipline finissent de manière déplorable.

**Note de bas de page**; *Si nous remplissons nos devoirs dans la vie avec intentionnalité, alors l'échec devient un étranger dans notre espace de domination.*

Citation 64 : Lorsque notre objectif est découvert, cela déclenche une motivation irrésistible, avec un sentiment de clarté et de certitude pour l'exécution : La force intérieure de notre objectif est notre foi en Dieu, mais le muscle de la foi doit être développé dans le gymnase des luttes de notre vie.

**Note de bas de page**; *la clarté de votre objectif est basée sur la conscience de votre objectif.*

Citation 65 : L'affirmation de votre objectif projette la confiance et la haute l'estime de soi pour briser les frontières et établir de nouvelles normes d'excellence : Un rêve de but doit être nourri près des limites de l'inspiration dans d'autres pour survivre et prospérer dans les saisons de découragement.

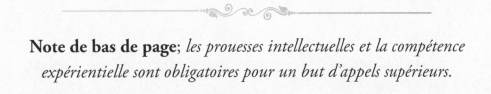

**Note de bas de page**; *les prouesses intellectuelles et la compétence expérientielle sont obligatoires pour un but d'appels supérieurs.*

Citation 66 : Comprendre le facteur de grâce du but, alimente notre croyance système avec une mentalité de gagnant : En fin de compte, le but essentiel de Dieu pour l'humanité est de servir Ses desseins dans le royaume terrestre. En d'autres termes, il est prêt à investir ses ressources divines pour faciliter l'accomplissement de ses desseins concernant sa création.

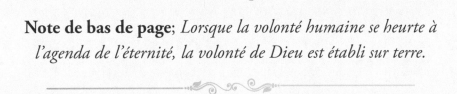

**Note de bas de page**; *Lorsque la volonté humaine se heurte à l'agenda de l'éternité, la volonté de Dieu est établi sur terre.*

Citation 67 : C'est l'unicité de son objectif qui détermine le cours de sa préparation : Chaque objectif accompli est une expression de la joie de Dieu et une lueur d'espoir pour les désespérés.

**Note de bas de page**; *Vos insuffisances sont simplement une attirance pour la grâce divine.*

Citation 68 : La longévité du but d'un homme peut facilement être mesurée par le la force de son caractère, sa compréhension et sa compassion, et enfin sa capacité à tenir compte d'un sage conseil : Toute décision de compromis ou d'ignorance est une construction d'échec et une limitation auto-imposée des potentiels de nos desseins donnés par Dieu.

**Note de bas de page**; *Vivez votre vie pour laisser un héritage qui inspire les générations futures et ose vivre après toi.*

Citation 69 : Le pouvoir de l'énoncé positif est un grand stabilisateur de but : Ceux qui discernent pour savoir quand se taire érigeront un mur invisible de défense autour de leur objectif contre les hostilités et les différends.

**Note de bas de page**; *un but sans frontières est un déserteur en mouvement.*

Citation 70 : Tout apprentissage ciblé a son prix et un processus douloureux pertes: Chaque leadership mondial déterminé reflète ces conditions préalables de la stratégie positionnement, structure systématique et résistance émotionnelle pour une cohérence livraison de résultats authentiques.

**Note de bas de page**; *le professionnalisme mène à la compétence.*

Citation 71 : La seule raison de la certitude et de la sécurité au milieu de l'incertitude est votre objectif : Notre capacité à consolider l'autodiscipline et une forte volonté crée une défense mécanisme pour vivre une vie utile.

**Note de bas de page**; *votre but est aussi sûr que l'amour indéfectible de Dieu.*

Citation 72 : Comprendre le domaine et la fictionnalité de votre objectif est un levier pour exploits.: La vérité parallèle des capacités et des fonctions entre le clair de lune et la lumière du soleil est synonyme de nos objectifs et de leurs responsabilités, activités, et des saisons d'exécutions ou de représentations.

**Note de bas de page**; *votre identité réside dans votre objectif.*

Citation 73 : La découverte de notre raison d'être conduit à un positionnement stratégique en rôle distinctif : Les hommes et les femmes déterminés vivent leur vie dans les domaines du positif attentes, malgré les défis évidents qui entourent leur environnement.

**Note de bas de page**; *échanger nos attentes contre de l'appréciation libère de la joie pour stimuler notre force intérieure pour un but résilient .*

Citation 74 : La dignité personnelle et l'immunité spirituelle sont des sous-produits de objectif d'exécution : Lorsque nous poursuivons nos objectifs de vie avec soin et intelligence, notre la nature de la domination devient inévitablement une force de courage pour faire l'impossible.

---

**Note de bas de page** ; *la transition philosophique est une nécessité du but.*

---

Citation 75 : Vous ne pouvez pas construire une vie d'une culture du but sans flexibilité amendement: Dieu dans Ses omissions utilise intentionnellement Ses actes miraculeux et Ses et méthodologie testée pour équiper nos objectifs pour des projets extraordinaires réalisations à sa gloire.

---

**Note de bas de page**; *l'inconfort est un mécanisme de croissance de but.*

---

Citation 76 : L'audace de l'espoir est une force vitale divine de but : L'intégrité pure de la fidélité de Dieu devrait être notre assurance de notre foi en ses possibilités infinies.

---

**Note de bas de page**; *Le but de votre vie est d'apporter*
*une contribution immaculée à l'humanité.*

---

Citation 77 : La capacité de votre objectif est basée sur le poids de la responsabilité que l'éternité place sur votre potentiel : Ce sont les insuffisances de nos vies qui illuminent l'élégance dans la beauté de l'unicité de nos histoires personnelles indicibles.

**Note de bas de page**; *Les points de rupture dans la poursuite de notre objectif sont tout simplement notre meilleur des moments de réinvention.*

Citation 78 : Ancrez votre objectif avec des preuves internes dans l'espoir sans fin de la grâce de Dieu : Si vous ne parvenez pas à consolider l'ancienne sagesse de la piété et de la transformation connaissance de l'éducation civique comme une compétence fondamentale, puis l'ultime potentiel de votre but sera piégé dans l'état de médiocrité perpétuelle.

**Note de bas de page**; *votre but est le projet de dieu en cours.*

Citation 79 : Comprendre les facteurs cycliques du dessein divin améliore sa réinvention, si nécessaire : Il faut un cœur audacieux et courageux, avec une résilience inhabituelle aux intempéries les tempêtes soudaines d'adversité qui surviennent au cours de notre voyage d'une mission alors ignorez les distractions et gérez vos émotions parce que vous êtes presque là.

**Note de bas de page**; *vous ne pouvez survivre que si vous résistez.*

Citation 80 : Que faites-vous lorsque votre objectif stagne ? Ceux qui suivent la stratégie des aigles rafraîchissement systémique en remplissant le réservoir de leur esprit, âme et corps sera certainement rajeunir leur bien-être émotionnel, en garantissant un objectif de pointe, ainsi qu'une haute niveau de performance.

**Note de bas de page**; *chaque circonstance est un processus d'auto-éducation pour la croissance de l'objectif.*

Citation 81 : Une âme calme est une base solide pour un objectif brillant : La bataille de l'âme est le point de basculement des guerres sataniques contre les porteurs de grands buts. Ceux qui ont fondé leur spiritualité sur un intime relation avec le Dieu Tout-Puissant sont protégés avec les ailes de son pouvoirs angéliques.

**Note de bas de page**; *pratiquer la piété avec contentement stabilise nos âmes en paix et non en morceaux.*

Citation 82 : Votre objectif pourrait être extrêmement difficile, mais il ne peut pas être vaincu en toutes circonstances : Rappelez-vous toujours que les géants sur le chemin de votre destin ont été prédestiné à révéler la puissance de votre capacité divine et à vous proclamer votre génération.

**Note de bas de page**; *Il est impossible de distinguer les défis de la défense de votre but.*

Citation 83 : Devenir la version la plus élevée de votre objectif peut être un tâche ardue mais pas impossible si la détermination est votre un compagnon: Quand le dessein de Dieu pour nos vies devient notre devoir de ravir, alors il est obligé de nous approuver en tant qu'icônes mondiales dans son royaume.

---

**Note de bas de page**; *Vous ne pouvez pas être déçu si vous rêvez d'un but, pensez à un but, et vivre par but.*

---

Citation 84 : La force de la persévérance est le vent sous les ailes de ceux qui sont conçus selon son dessein : Vous êtes sur un vol ✈ de dessein divin avec une intention divine, et le Seigneur de l'Univers est le capitaine à bord, donc détendez-vous et profitez de la voyage de votre destin.

---

**Note de bas de page**; *votre arrivée en toute sécurité est garantie par la suprématie de Dieu.*

---

Citation 85 : La bouée de sauvetage de notre objectif est notre spiritualité en mouvement : La force intérieure des gens est leur forteresse de confiance. Il inspire également leur passion dominante pour les rouages cachés de leur destin.

---

**Note de bas de page** : *Notre objectif est que l'énoncé de mission repose sur la conception de nos destinées.*

---

Citation 86 : Les signes et témoignages qui confirment chaque dessein divin sont simplement inexplicable, mais incontestable : Au cours de notre voyage de grandeur, la foi et la patience deviennent le du navire boussole du destin alors que nous naviguons dans des eaux difficiles et des temps turbulents.

**Note de bas de page**; *Le Créateur et le Fondateur du But ne sommeillent jamais. Il est toujours fidèle, réfléchi et toujours alerte.*

Citation 87 : Les ancres invisibles de l'objectif sont simplement axées sur les valeurs fondamentales vers la piété : Les dirigeants visionnaires qui se lancent dans leurs domaines d'activités respectifs reflètent la caractéristique d'une volonté de fer et d'une concentration acharnée. En raison de ces hautes vertus, il n'y a aucune option ou pensée qui vaut la peine de contourner le mélange et le polissage processus de leurs buts divinement ordonnés alors qu'ils se dirigent vers leur moments brillants du destin.

**Note de bas de page**; *il n'y a pas de raccourcis vers un objectif au sommet d'une montagne.*

Citation 88 : Vivre une vie d'ordre est la pierre angulaire ou le fondement de but: Ceux qui permettent aux saisons de retard et de désespoir d'influencer les décisions en leur poursuite d'objectifs se retrouvera sans aucun doute dans la vallée du regret, en raison d'occasions manquées et de moments manqués d'une grande importance.

**Note de bas de page**; *Votre persistance garantit la progression de votre objectif, mais c'est votre persévérance qui détermine votre résistance contre les vents des revers.*

Citation 89 : La joie enrichit & immunise le but du découragement tandis que les déceptions engendrent le découragement face à ses progrès : La prédisposition à l'optimisme est un objectif non négociable pour deux raisons : premièrement, pour défier le négativisme, et deuxièmement pour améliorer notre confiance en imaginant les opportunités face aux inégalités et à la morosité.

**Note de bas de page**; *Le désordre mène à la carence*

Citation 90 : La souveraineté de Dieu est le parrain du but personnifié dirigeants: En regardant l'historicité des hommes et des femmes avec des détermination, qui ont façonné positivement leurs générations dans une façon transformatrice, on peut donc conclure que la grâce de la la main invisible de Dieu est leur bouclier de préservation et leur force intérieure.

**Note de bas de page**; *un but bien structuré attire les merveilles de l'assistance divine.*

Citation 91 : Votre objectif est important car vous êtes indispensable lorsqu'il vient à son exécution : Reconnaître et célébrer notre unicité dans la vie ne suffit tout simplement pas. C'est un périphérie d'une aventure passionnante de surprises positives avec des trésors intemporels.

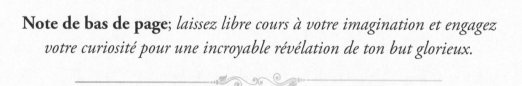

**Note de bas de page**; *laissez libre cours à votre imagination et engagez votre curiosité pour une incroyable révélation de ton but glorieux.*

Citation 92 : Votre raison d'être est la ☆ star de votre success story familiale : Ceux qui abordent la vie avec perception et perspicacité disent simplement : la prophétie dans la vie est le script de votre but et de vos expériences quotidiennes développer comme l'histoire d'un film divin appelé Destiny.

**Note de bas de page**; *vous êtes l'instrument de Dieu du but. Croyez-le et faites-le.*

Citation 93 : L'amour est le langage caractéristique universel du dessein divin : Il est de la plus haute importance que chaque objectif réussi cultive un une philosophie saine et un système de croyances holistique comme base formidable pour résister aux adversités et aux insécurités de la vie.

**Note de bas de page**; *cultiver une habitude de force mentale en étant implacable dans la poursuite de votre objectif.*

Citation 94 : Tout objectif efficace est une arme offensive de Dieu contre les œuvres de satan : Rien ne neutralise ou ne sape l'audace du but comme l'auto- l'agrandissement et l'amour de l'argent.

**Note de bas de page**; *lorsque le discernement est aiguisé, il active l'immunité contre susceptibilité et tromperie.*

Citation 95 : Chaque savoir expérientiel est un authentique élément de préservation de but : Quiconque veut se balancer sur les ailes de son but dans la vie donné par Dieu doit d'abord créer un ordre conscient et systématique qui fonctionne de manière cohérente avec une approche holistique structure pour accroître l'efficacité de nos carrières respectives.

**Note de bas de page**; *défiez le potentiel de votre objectif en prenant un risque positif pour auto-réinvention.*

Citation 96 : Les facteurs d'un objectif réussi ne peuvent être découverts que dans notre quête de piété : La grâce et la miséricorde divines compenseront toujours les désavantages fiscaux qui affectent le but de l'humanité, sans distinction de race ou de sexe.

---

**Note de bas de page**; *une prière intentionnelle est déjà une requête exaucée et une réponse retentissante témoignage.*

---

Citation 97 : L'émergence d'une transition de finalité est inévitable, quel que soit notre état de préparation : Chaque objectif réussi a deux empreintes principales, sous une forme qui évolue de la croissance personnelle à la position d'être reconnu comme l'incarnation d'institution dans l'espace global.

---

**Note de bas de page**; *L'évolution du stade de la graine à la forêt est l'anticipation de Dieu pour toutes les vies.*

---

Citation 98 : Le caractère sacré de la liberté est la marque du but : Chaque défaut de caractère facilite une limitation auto-imposée contre la conduite de force de notre but dans toutes les ramifications de la vie en général.

---

**Note de bas de page**; *Je te défie de développer tes muscles intérieurs. La vertu survit au charisme.*

---

Citation 99 : Votre personnalité est profondément ancrée comme un être déterminé sur un mission d'influence : Quel que soit le pedigree de notre famille, la Divine Providence est ce qui détermine l'accomplissement de nos destinées.

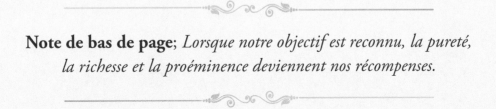

**Note de bas de page**; *Lorsque notre objectif est reconnu, la pureté, la richesse et la proéminence deviennent nos récompenses.*

Citation 100 : Un objectif de résilience est basé sur un amour véritable et une grande foi en l'espérance sans fin de la souveraineté de Dieu : C'est absolument une juste part, pour chaque support de grande utilité d'être testé avec les situations stressantes dans les paramètres de pression extrême en vertu de la loi de la nature.

**Note de bas de page**; *la douleur génère du pouvoir et de la passion pour le développement de l'objectif.*

Citation 101 : Vos récompenses et votre reconnaissance dans la vie sont synchronisées avec votre but: S'il y a un combat qui vaut la peine de se battre et de mourir, c'est pour un indéniable raison: les humains ont été conçus pour la domination ..

**Note de bas de page**; *le sacrifice de la croix* ☩ *est la pleine mesure de la valeur de votre but.*

Citation 102 : La douleur et le but sont inextricablement liés : Chaque leçon douloureuse apprise sur le chemin de la découverte de soi est une instigateur de changement, mais une action ciblée est nécessaire pour en faire un mouvement générationnel.

———————— ⚜ ————————

**Note de bas de page**; *investir votre douleur pour un gain générationnel est un héritage de sagesse et un moyen intelligent de compensation.*

———————— ⚜ ————————

Citation 103 : La passion pointe toujours vers un but : La découverte des voies pour maximiser notre objectif est avant tout une voyage intrinsèque de la curiosité dans nos auto-analyses.

———————— ⚜ ————————

**Note de bas de page**; *poser les bonnes questions réfléchies dans nos cœurs sera certainement dévoiler les indices de l'accomplissement de notre objectif.*

———————— ⚜ ————————

Citation 104 : Les conflits et les triomphes sont des raffinements de but : La résilience d'une âme épanouie reflète la détermination et la volonté, qui a finalement subi un processus de transformation disciplinaire.

———————— ⚜ ————————

**Note de bas de page**; *les hommes au but impérieux sont rétrospectifs et introspectifs dans leur choix, actions et associations.*

———————— ⚜ ————————

Citation 105 : Notre but est les roues économiques de Dieu : Si la générosité et l'empathie sont forgées comme une alliance sacrée avec un but, il sera inévitablement créer des ressources illimitées pour une bonne cause de l'humanité.

**Note de bas de page :** *le sacrifice change toujours la donne.*

Citation 106 : Servitude et altruisme sont les deux marques indélébiles d'un vie utile : La valeur essentielle de l'existence d'une personne peut facilement être quantifiée par la contributions significatives qu'il ou elle a apportées aux sociétés et aux individus à travers les plateformes de ses capacités, talents et trésors inhérents mis à leur disposition par leur créateur.

**Note de bas de page**; *votre service à Dieu et aux autres sont les empreintes de votre héritage de vie.*

Citation 107 : Vous êtes incrusté d'une semence intentionnelle pour la fécondité de votre mission unique : L'éducation civique a pour but de polir les destins et de mettre en lumière les trésor d'éternité en chacun de nous.

**Note de bas de page**; *un but instruit est synonyme d'un aigle en plein essor avant tout tempêtes de la vie.*

Citation 108 : Le cerveau humain regorge de trésors infinis à des fins créatives : Sans une illumination de la lumière de la connaissance divine, le phénoménal des facultés et les fonctions de l'esprit humain s'endormiront dans son utilisation intentionnelle de création.

***

**Note de bas de page**; *nos vies de lecture sont un exercice dans le gymnase des exploits mentaux.*

***

Citation 109 : Il est plus facile d'être populaire que d'être déterminé : L'influence d'une vie déterminée établit une norme de sens que les générations peut imiter, tandis qu'un style de vie axé sur le plaisir crée des ombres de noblesse et l'authenticité.

***

**Note de bas de page**; *On ne peut pas vivre une vie avec un objectif efficace sans vivre un héritage de témoin qui résonne comme un épisode vivant.*

***

Citation 110 : La saison du but est décisive pour son exécution et son influence : En regardant un but à travers le prisme du sacrifice, cela crée une conscience de discipline stratégique qui renforce notre concentration, en particulier dans les moments de découragement et distractions.

***

**Note de bas de page**; *L'investissement de votre temps, de vos talents et de votre passion pour un objectif ne peut jamais être exagéré.*

***

Citation 111 : Ceux qui ont marginalisé la valeur du but n'ont jamais avance au-delà de la cage du confort : Croire que votre vie est une valeur essentielle et qu'elle est conçue à dessein accomplir une mission unique au-delà de la compréhension humaine, est un philosophie de l'héroïsme et une mentalité de champions.

**Note de bas de page**; *Osez défier vos peurs et déchaînez votre foi pour que l'attention de Dieu soit concentré sur votre objectif.*

Citation 112 : Rien d'autre n'a d'importance pour l'éternité que votre but : L'idée du but de la vie a été conçue dans la grande pensée de Dieu, avec le motif d'amour pur pour la grandeur et au service de l'humanité avec un excellent esprit.

**Note de bas de page**; *Notre but est un produit intentionnel de la grâce et non un accident pensée de la divinité.*

Citation 113 : Gardez votre objectif avec diligence car c'est la seule raison et l'essence de la vie : Un esprit diligent met en place une plate-forme d'impact pour ceux dont la vie est à l'écoute à la fréquence des poursuites.

**Note de bas de page**; *L'objectif et la prospérité fonctionnent ensemble.*

Citation 114 : Des hommes avec un fort sens dans le but d'exceller dans la plus petite des tâches. Beaucoup de gens ne croient pas et ne travaillent pas avec le processus de développement de la vie parce qu'ils s'attendent à avoir une lueur de réussite liée à leurs grands appels.

*Note de bas de page*; *n'emballez pas le véhicule de vos rêves divins au bord de la route de la vie, en raison des incertitudes sur un voyage de but.*

Citation 115 : L'équité de caractère est au cœur du dessein divin : Pour un but à atteindre dans le domaine du piédestal de la signification et de la longévité, elle doit être soutenue par la devise de la foi et de la charité.

*Note de bas de page*; *la valeur du but est inestimable parce que c'est une denrée essentielle de l'éternité.*

Citation 116 : La montagne de l'ignorance est une barrière invisible à la réalisation de l'objectif : Un objectif bien mélangé est un amalgame d'efficacité intellectuelle et d'une lumière de la connaissance expérientielle.

*Note de bas de page*; *Vivre avec un sens exige du pragmatisme et de l'initiative.*

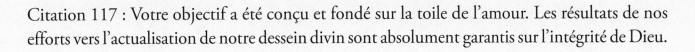

Citation 117 : Votre objectif a été conçu et fondé sur la toile de l'amour. Les résultats de nos efforts vers l'actualisation de notre dessein divin sont absolument garantis sur l'intégrité de Dieu.

---

**Note de bas de page** : Une vie axée sur des principes s'assemble avec un esprit de but.

---

Citation 118 : Donner à votre objectif toute votre attention est un investissement rentable pour une percée à vie. Avant que nous soyons formés dans les pensées de notre créateur, il a incrusté la graine du but du rêve dans le cœur des êtres, pour exprimer la magnificence de ses capacités dans notre humanité.

---

**Note de bas de page***; La dignité du travail gonfle la valeur du but dans toutes les ramifications de la vie.*

---

Citation 119 : La gravité du but nous attire vers le centre de toutes choses, avec rarement une certitude et une paix indicible. Chaque appel divin à un but est certainement au-delà de nous-mêmes, notre société, et au-delà du climat de l'opinion humaine ou des préjugés et du scepticisme dans lesquels nous habitent.

---

**Note de bas de page***; S'élancer sur les ailes du but signifie simplement briser les limites et vivre pleinement sa vie.*

---

Citation 120 : Négliger la semence de votre objectif, c'est simplement nier votre génération d'un outil ou d'une solution de transformation : Les récompenses infinies d'une grande gérance du but est une alliance de une mentalité ou un état d'esprit constant de diligence et d'initiative.

**Note de bas de page**; *la pureté et le contentement sont la force d'attraction qui libère but au domaine de l'héritage influent.*

Printed in the United States
by Baker & Taylor Publisher Services